AF542352

Prix : 10 Centimes.

VOIX

D'UN

LÉGITIMISTE

Dieu le veut ! — Dieu le veut !

PAR

H. REYNALD.

PARIS
IMPRIMERIE LACOUR ET COMP^e.,
RUE SOUFFLOT, 11,
et rue Saint-Hyacinthe-Saint-Michel, 33.
1849

VOIX

D'UN LÉGITIMISTE.

Dieu le veut! — Dieu le veut!

—

Défenseur de la seule autorité légitime, de la souveraineté du peuple, je me déclare sans crainte légitimiste. Ce titre m'appartient aussi bien, mieux, qu'à l'*Union* anarchique, à l'*Opinion*, de M. Nettement, qu'à tous les partisans sans esprit ou sans cœur d'une monarchie à jamais déchue, et qui n'a eu de légitime que sa destruction. J'admire en vérité l'assurance de ces gentilshommes, qui, groupés par leurs intérêts autour d'un prince expiant dans l'exil les folies de sa dynastie, s'intitulent seuls défenseurs du droit et de la justice, se sacrent protecteurs de la France et de Dieu même. L'Oint du Seigneur peut-être a mis sur leur front quelques gouttes de l'huile sainte, et ces preux chevaliers espèrent se purifier de toute souillure dans leur campagne contre la république, au nom de l'illustre prétendant.

Nous ne sommes pas effrayés par l'armement de tous ces paladins ou baladins qui comptent trop facilement déchirer de leurs morsures les chairs vives de la France. Tous ces vœux portés outre-mer et outre-Rhin, cette croisade blanche ou bleue, nous laissent assez tranquilles;

1849

ces espérances coupables n'ont pas même le mérite de nous étonner. Avec la république apparaissait la promesse de la justice. Le vieux monde a dû trembler et chercher partout un appui : il n'a trouvé qu'un prétendant, mais il s'en est saisi avec joie. Dans sa chute un noyé ne s'accroche-t-il pas même aux épines? Avec la république, le prétendant devait renaître; il était une nécessité sociale, pour la bourgeoisie et pour l'aristocratie effrayées.

Et s'il n'existait pas, il faudrait l'inventer.

Heureusement on n'a pas été réduit à ce triste besoin; il a même fallu choisir. Mais la sainte Eglise, les véritables fidèles repoussant et le neveu de son oncle, et l'oncle de son neveu, ne veulent ni des guerres impériales, ni de la corruption du juste-milieu. Ils se pressent auprès du jeune Henri, l'élu du Ciel et des grands, préparé à régner sur la France par le digne abbé Trébuquet, délégué de Dieu qui, comme on sait, veut absolument rendre au comte de Chambord le trône de ses pères. Dieu le veut! crient partout les fils des croisés. Dieu le veut! Sans doute contre une pareille volonté l'homme est bien faible. Mais si Dieu le veut, à qui l'a-t-il dit? à M. de Genoude? Malgré ses prétentions au rôle de Danton sacristain, cet aimable étourdi ne saurait être sérieux, et le turbulent abbé n'aspire pas au rôle d'Isaïe. Il lui suffit de peindre tous les jours dans la *Gazette de France* l'indignation de l'Europe, qui voit cet homme de génie (lisez la *Gazette*), créateur du suffrage universel, chassé de la chambre par le suffrage universel. D'ailleurs, cet excellent abbé est républicain. Que lui faut-il? Une république, avec deux chambres, il est vrai, et même un président héréditaire! Mais gardez-vous bien de croire qu'il s'agisse de la royauté. C'est la république, je le jure par Genoude et Lourdoueix morts à la *Gazette de France*. A qui donc Dieu se sera-t-il adressé? à M. le vicomte d'Arlincourt? Nous le savions déjà bien mauvais auteur, nous le croyons aussi mauvais prophète. Dieu le veut, Dieu le veut! Ne craignez-vous pas de montrer à tous comment le bras de Dieu s'est étendu depuis un siècle sur cette famille des Bourbons: Si jamais il a révélé sa volonté par les événements de ce monde, n'est-ce donc pas pour vous annoncer votre ruine que plus de soixante années crient par tous vos revers, par tous vos succès. Vous êtes tombés à jamais, et si vous parveniez à vous relever, ce ne serait que pour épouvanter, par une dernière chute, avec vos partisans tous ceux qui n'ont pas encore reconnu qu'en Europe la liberté a gagné la bataille contre le despotisme. Vous périrez, et c'est nous qui avons aujourd'hui le droit de nous écrier à votre agonie : Dieu le veut, Dieu le veut! Dieu, par hasard, ne voudrait-il que votre bonheur, et non pas vos défaites? Et tous les désordres qui ont précédé et causé la révolution, et tous ces vices qui ont enfin arraché du cœur de la France l'amour des Bourbons déshonorés, Dieu les a-t-il voulus? Il fallait bien des hontes et bien des crimes pour empêcher la vieille France de chérir encore ses princes, elle qui donna le nom de Bien-Aimé à Louis XV, roi depuis vingt ans et n'ayant encore rien fait! Ce sont, il est vrai, les meilleures années de sa vie. Et 89, Dieu le veut! Et le 20 mars, Dieu le veut! Et cette restauration où le ridicule dominerait sans rival, si vous n'aviez eu soin de le tempérer par l'odieux, Dieu l'a voulue. Oui, c'est lui qui l'a voulu pour votre infortune, et pour le bonheur de la France, ce règne de quinze ans qui nous a rendu les Bourbons, leurs valets et leurs courtisanes. En 1815, les Français vous avaient oubliés; grâce à la restauration, ils se souviennent aujourd'hui. C'était un touchant spectacle à voir que Louis-le-Désiré ramené à ses fidèles sujets par le droit des baïonnettes russes et anglaises, plus heureusement nommé droit divin. Le descendant de Charles VII marchait à la conquête de son royaume avec une armée d'Anglais et le duc de Wellington pour Jeanne d'Arc. Autour du souverain se pressent en foule de preux et loyaux chevaliers, ni sans peur, ni sans reproche, ayant gagné leurs éperons dans l'armée du prince de Condé, et fiers d'avoir avili dans toute l'Europe la noblesse française par l'étalage de leur misère et de leur insolente légèreté. Ce n'est pas en vain que nous avons vu tous ces illustres marquis venir se venger sur leur patrie.

> Ce jour qui détruisit la saine liberté
> En renversant les murs de la Bastille!

Ils revenaient réclamant la récompense due aux services qu'ils avaient rendus à la monarchie dans l'émigration! Pour tant de mérites ce n'était pas trop que pensions, croix, places, et enfin un milliard! Pour la haine si justement amassée contre ceux qui couvraient la France de gloire ; tandis que les nobles rejetons des illustres familles avaient grand'peine à soutenir leur honneur, qui maîtres de langue, qui d'armes, qui de danse, qui cuisiniers, qui professeur de salade, parcourant les maisons anglaises suivi d'un domestique en livrée chargé de l'huile et du vinaigre ; pour cette haine, ce n'était pas trop que l'assassinat de Brune, de Ney, de Labédoyère, que la terreur blanche du Midi, les massacres de Nîmes, d'Avignon, la condamnation des jumeaux de la Réole, la statue de l'empereur précipitée de la colonne Vendôme, la croix de la Légion-d'Honneur attachée à la queue du cheval de M. de Maubreuil. C'était si peu, Messeigneurs, que le neveu de Napoléon vous le pardonne, qu'il vous tend la main, trouve parmi vous ses meilleurs amis et vous remercie de daigner rendre visite au neveu du marquis de Buonaparte, général, comme on sait, des armées du roi Louis XVIII. Il est permis à Napoléon (pas le grand) de commettre un pareil sacrilége, mais la France aura plus de pudeur. Elle se souvient que vous traitiez nos soldats de brigands, elle se souvient qu'en haine de la révolution vous avez appelé contre elle avec les baïonnettes étrangères, la superstition et l'intolérance romaine ; elle se souvient que vous avez ramené les jésuites sous le drapeau blanc. La leçon était nécessaire, mais quand le temps est venu Dieu a voulu qu'elle finit, et 1830 vous a chassés. Quant au prince chéri des dames, la Providence veille sur lui. Il tombe de cheval et se casse une jambe, mais l'ange du Seigneur le sauve de la mort. Il aurait mieux fait de sauver la jambe avec le reste, et de maintenir Henri à cheval. Le voilà boiteux par la volonté de Dieu. Prince charmant, du reste, spirituel, galant,

> De tous les dons des cieux,
> Il est orné dès sa naissance,

Élevé surtout dans la haine de sa patrie, dans l'ignorance de tous nos principes

> Et du méchant l'abord contagieux
> N'altère pas son aimable innocence.

Dévoué à son royaume, il veut en faire le bonheur en le gouvernant, sans doute, par **M. de Falloux.** Ah! ce n'est pas inutilement non plus que nous assistons, sous le grand président, dont nous jouissons, à peu près comme on jouit d'une mauvaise santé, à l'éclat de vos meilleurs amis. Nous vous reconnaissons toujours les mêmes dans ce ministre des Ignorantins, qui n'est entré en traître dans l'Université pas plus que dans la République; cette dernière épreuve, nous ne la demandions pas, mais nous en profiterons, et quand nous voyons tous les jours les chefs de votre croisade aidés du parti Thiers-Véron, se plonger dans l'abîme, nous vous enterrons dans le *Constitutionnel*, et, à la vue de cette mort, nous ne pouvons ne pas nous écrier : Dieu le veut! Dieu le veut! Livrés au ridicule, vous ne pouvez plus exciter ni la terreur, ni même le mépris, et le jour où vous voudrez conquérir votre royaume, nous enverrons contre vous les chansons de Béranger. Le sang ne coulera pas. Le jeune Elianis pourrait-il trouver des hommes prêts à mourir dans ce parti ressuscité un jour par des prodiges supérieurs à ceux du galvanisme, mais qui loin de fournir une armée ne pouvait naguère entretenir un journal. Nous les avons vus les chevaliers du Lys bouder la royauté de Juillet qui n'a pas su se passer d'eux. Une fois la Vendée s'est agitée, que faisaient les chefs de votre parti ? Ils faisaient une conspiration de boudoir ; ils refusaient de danser le premier mai, et donnaient un bal le jour où l'enfant du miracle faisait sa première communion. Vous n'engagerez pas la lutte et vous aurez raison. La défaite ne vous laisserait plus d'asile ! L'Angleterre est lasse de vous avoir donné l'hospitalité ; la Russie vous méprise, et partout vous verriez se redresser devant vous ces poteaux sur lesquels il était écrit : Ici on ne reçoit ni les mendiants, ni les émigrés. La révolution d'ailleurs a franchi le Rhin et les Alpes, elle agite toute l'Europe frémissante, et déjà l'Allemagne se trouble jusque dans ses fondements. L'Italie se soulève contre l'Autriche, la Hongrie lève la tête, et l'Europe tout entière, travaillée par les douleurs de l'enfantement, va mettre au monde la liberté. L'appui des nations vous manque, remettez donc vos épées dans le fourreau, et n'allez pas chercher des alliés à l'extrémité du monde. Peut-être en trouverez-vous parmi vos anciens ennemis, qui, jaloux de voir leur conquête échapper à leur ambition, veulent l'anéantir ! Les vainqueurs de Juillet trouvent que la Providence a fort mauvais goût de ne pas confondre dans leur destinée celle de la France et même du genre humain. L'humanité veut marcher sans les attendre. Ils s'en consoleraient assez facilement s'ils n'y perdaient honneurs et richesses. Ils sentent aujourd'hui vos raisons, les révolutions sont dangereuses, et il faut leur résister. Acceptez la main qu'ils vous tendent, et serrez-la avec reconnaissance. Peut-être des gens trop scrupuleux trouvent-ils qu'il faut avoir bien peu de confiance en ses forces pour demander des secours à des ennemis, mais ce sont des niais qui n'entendent rien ni à la grande politique, ni à la haute comédie. Ces fougueux révolutionnaires ne sont pas d'ailleurs si jacobins. Ils promettent de se convertir; ils se repentent d'avoir été trop loin, et veulent sceller leur union avec vous sur l'autel. Déjà le *Constitutionnel* va à la messe, et annonce que M. Thiers fera bientôt sa première communion. Mais comment le baron Thiers prêtera-t-il serment à Henri V pour que le prince se confie à son féal et amé sujet? Le duc d'Isly baisera-t-il la main de la duchesse de Berry, et Monck-Changarnier permettra-t-il à ce savant jurisconsulte de porter seul l'épouvante dans le cœur des rebelles, et de détruire tous les Catilina avec quatre hommes et un caporal. Monck-Changarnier demandera une récompense pour son dévoûment long et varié à tous les gouvernements qui auront passé sur la France, et on lui donnera tous au moins, pour satisfaire son expérience du commandement et ses habitudes de vaincre, la place de marguillier à Notre-Dame; place trop méprisée aujourd'hui par une génération impie, mais enviée quand la religion aura reconquis les honneurs qui lui sont dus. C'est pour avoir méprisé le catholicisme qu'est tombée la monarchie voltairienne de Juillet. Elle a eu beau chercher à réparer ses torts, c'est en vain que le clergé. encouragé dans sa turbulence, a obtenu plus qu'il n'osait espérer; en vain, M. Guizot, dans la *Revue française*, dès 1838, annonçait la nécessité de former un parti religieux; c'est la foi seule qui sauve, et le catholicisme, tout en acceptant les bienfaits de Louis-Philippe, comme de justes conquêtes enlevées à son ennemi, passait tout en entier dans le camp de la légitimité. S'il a un moment souri au 24 février, c'est que la République en vidant les Tuileries de ses hôtes usurpateurs les préparait au bon Henri, petit-fils d'un autre Henri assassiné dévotement par le fer sacré des Jésuites. La République espérait aussi gagner le clergé, qui a voulu passer quelque temps pour le plus fervent des républicains de la veille. Mais le budget conservé, mais la représentation nationale ouverte aux évêques n'ont produit aucun résultat. Le budget d'abord est de droit divin. Les services de M. de Falloux sont comptés non à la République, mais à Henri V. En vain notre ministre des affaires étrangères se dévoue à la défense du Saint-Siége, et s'unit avec l'Autriche pour lui immoler une révolution née du 24 février. Le catholicisme sait bien qu'on lui fait des politesses, et que le cœur n'a aucune part à cette politique. Les hommes veulent dominer par lui, tandis qu'il veut dominer par les hommes. La République, le catholicisme l'a condamnée le jour où elle ne lui a pas donné l'empire. Quel dommage pour ceux qui se rappellent le 24 février et le clergé de cette époque. C'est lui, s'il faut l'en croire, qui a fait la révolution, qui peut seul au moins faire son éducation. Ces mots sacrés que toute la France répète en chœur : Liberté, Égalité, Fraternité, n'est-ce pas le catholicisme qui les a appris aux élèves de Voltaire et de Rousseau. Arrière! ceux qui n'ont reçu qu'un enseignement humain! Place, respect et soumission pour les élus qui doivent à la religion un enseignement supérieur. Les catholiques ont une démocratie révélée, et la théocratie peut revêtir toutes les formes. Grâce à ces flots de paroles répétées en tous lieux, dans les clubs catholiques, dans les journaux catholiques, dans les associations catholiques, les cabinets de lecture catholiques, les cours de physique catholiques, les loteries catholiques; grâce à quelques sermons pleins de déclamations romantiques, d'un style plat, quand il n'est pas boursoufflé, mais vide d'idées et bons à faire pâmer d'aise le suisse de Notre-Dame; grâce à des mandements lancés le 25 février et perfidement démocratiques, le clergé a fini par se persuader que la révolution lui appartenait, et il l'a aimée comme un autre lui-même. Mais la République courtisée par Tartufe a fait la cruelle, elle a résisté, et chassé par Elmire, le dévot gentilhomme va tâcher de l'exproprier. C'est Henri V qui sera l'huissier. Avec les légitimistes le clergé place toutes ses affections, toutes ses espérances. Malheureusement, il n'apporte à ce parti qu'une haine stérile. L'Univers catholique aigre comme une vieille femme, incapable de faire même du mal, ne peut donner la main à l'Union que pour descendre avec elle dans la tombe.

Où ces deux grands débris se consolent entre eux.

Le catholicisme doit céder la place à la République soutenue par la justice qu'il n'a pas su organiser. Maître du monde pendant 1,500 ans, il n'a pas pu établir l'égalité parmi les hommes. Séparant les fidèles de l'humanité flétrie par le péché originel, condamnant à tous les supplices après la mort et même avant les malheureux qui n'avaient pas entendu la bonne nouvelle, cette religion homicide n'a donné au monde que la discorde et la guerre. Elle portait aux catholiques une égalité sans liberté, égalité réunissant tous les fidèles dans la résignation et l'attente de la mort, et cette égalité même ne franchissait pas le seuil du temple, repoussait tous ceux qui ne se prosternaient pas devant l'autel. Les catholiques seuls étaient des hommes. Le reste, c'étaient des damnés, et Dieu sauvait qui il voulait, livrait aux flammes éternelles ceux que désignait non la justice, mais son caprice. C'était Dieu qui était l'auteur de l'iniquité, et les hommes pouvaient le suivre. Y avait-il scrupule d'ailleurs à tourmenter quelques heures celui qui devait être la proie du diable pour toujours, et la charité même ne commandait-elle pas de ne point hésiter si par les tortures du corps on pouvait sauver l'âme, pour la perte de la vie donner l'éternité. De là la nécessité de toutes les persécutions religieuses, où devait fatalement aboutir l'Eglise, devant lesquelles elle ne recula pas. De là les bûchers de l'inquisition bonne, douce, tolérante, selon M. de Maistre et M. de Falloux, tous les deux grands républicains, quoi qu'on dise. La démocratie moderne fonde la véritable égalité en l'établissant sur la liberté, en donnant à chaque homme, dans tout homme un égal, un frère. L'injustice cruelle du catholicisme doit tomber devant l'équité, la charité de la démocratie. D'ailleurs le catholicisme n'est plus dans les cœurs. Pour quelques fidèles priant dans des églises solitaires, je vois une foule inquiète et railleuse qui a bien raison de s'appeler néo-catholique, car elle n'est agitée que par l'esprit de discorde! Elle a pour église un club, pour paroissien un journal. Sont-ils catholiques, ces jeunes gens qui renoncent aux traditions de l'Eglise pour une croyance de fantaisie où respire l'âme de Rousseau, et passe l'ombre de Voltaire? Ils prennent pour une religion, cette religiosité vague cherchée sur quelques rochers battus par la mer au clair de lune, ou entretenue au milieu des parfums et de la musique, par un prédicateur tour à tour moine, avocat, comédien. Est-il catholique, cet orateur entremêlant dans ses déclamations l'inquisition, le socialisme, le magnétisme, la France, Rome, le passé, l'avenir, Charlemagne, la République, Napoléon? Est-elle catholique, cette école qui, dans son ardeur à lier le présent et le passé, veut accorder la souveraineté du pape avec la souveraineté du peuple, grands politiques sans doute, embarrassés aujourd'hui de se décider entre le peuple romain et Pie IX. Sont-ils catholiques, enfin, tous ces hommes baptisés sans le savoir, faisant leur communion à douze ans par ordre de leurs parents, mariés à l'église par bienséance, vivant sans penser à d'autres dieux que leur intérêts, sans avoir d'autre église que leur comptoir, et laissant enfin à leur mort des prêtres répéter, dans une lange étrangère, des prières inconnues pour aller reposer auprès de leurs ancêtres? Le catholicisme est mort, monseigneur, et loin de vous secourir, c'est à votre majesté, qu'il demande aide et protection! Hâtez-vous de régner pour remettre sur le trône l'autel privé de son Dieu.

Voilà plus d'un an que nous sommes en république, ou plutôt que nous n'avons plus de roi. Voilà plus d'un an qu'elle est partie, cette jeune prophétesse, qui devait porter au jeune Henri, avec une branche de laurier-sauce, la couronne de France. Comment n'a-t-elle pas encore achevé sa route? Il est vrai qu'elle était paralytique, mais les saints anges ne pouvaient-ils l'emporter sur leurs ailes? Pourquoi n'est-elle pas encore arrivée? Cette grande chose préoccupe toute la France, mais surtout les penseurs de l'*Evénement*. Les penseurs de l'*Evénement* ne sont pas des penseurs ordinaires. Ils pensent par tous les membres, dit le *Charivari*. C'est une erreur, ces Messieurs ne pensent jamais par la tête. Donc ces penseurs se sont émus. N'ayant aucune nouvelle de la paralytique, ils ont cru qu'ils pouvaient avantageusement la remplacer. Campés dans leur journal où jaillissant en torrent de laves, la pensée se fixe en paroles de bronze et de granit, après avoir longtemps pensé à l'abonné qui ne vient pas, ils ont naturellement pensé au prince qui ne venait pas non plus. Coïncidence étrange et rapport vraiment mystérieux. Ils ont voulu consulter Olympio, mais Olympio était à la tribune ; à peine s'est-il interrompu pour faire un mouvement de tête plein d'intelligence et de majesté. L'*Evénement* veut appeler Henri sur le trône par le suffrage universel. Le peuple révisera sa Constitution et rappellera Henri V. Le peuple souverain aura parlé ; les partisans de sa souveraineté n'auront qu'à se résigner. Si telle est la pensée de quelques hommes sérieux (en parlant d'hommes sérieux, nous n'entendons pas faire une personnalité contre l'*Evénement*), nous devons ici déclarer qu'un tel raisonnement est faux et dangereux. Le suffrage universel a ses limites. Au-dessus de lui sont des droits qu'il ne peut jamais violer, et au premier rang se trouve pour chaque homme le droit d'être son maître. Un peuple, pas plus qu'un homme, n'a le pouvoir de vendre sa liberté ; et si jamais, par quelque tour de gobelet, le suffrage universel se niait lui-même, s'il voulait nous imposer un roi, nous lui désobéirions, comme nous le ferions s'il attentait à la liberté de conscience, comme vous le feriez aujourd'hui même si vous l'osiez. Le suffrage universel n'a pas le droit de toucher à la République, il n'a pas le droit de river des chaînes à nos enfants, et de perpétuer l'autorité d'une génération aveugle sur les siècles de l'avenir. Nous protesterons contre cet attentat à notre souveraineté, et le jour où vous auriez le plus de votants, c'est avec nous que sera contre vous et contre la tyrannie la majorité des soldats. Nous sommes tous les barricades vivantes de la République, et quand vous voudrez la détruire, alors nous oublierons encore cette phrase dictée par la folie à la *Gazette de France* : « Pas de grâce ; il faut que ceux qui sont montés par le sang, la violence et la révolution, tombent par le sang, la violence et la révolution. » Nous vous épargnerons les outrages et les supplices que vous nous préparez, dans l'espoir d'une terreur blanche, et pour tout châtiment nous vous condamnerons à voir la République heureuse et florissante à l'abri de vos attaques.

Du reste, nous ne devons rien craindre. Henri V, nous assurent ceux qui ont le bonheur d'approcher un aussi auguste prince, Henri V nous laissera le suffrage universel et le drapeau tricolore. Cette concession, l'enfant du miracle ne veut pas la faire, et, quand il le voudrait, il ne le pourrait pas. Il ne pourrait pas, sans mentir à son passé, nous laisser ces conquêtes de deux révolutions. Ce serait reconnaître, ce serait légitimer et 89 et 1848. Le peut-il sans tuer l'avenir ? Le suffrage universel, mais il vous aura bientôt chassé ; le drapeau tricolore, mais vous disparaîtrez avec toute votre dynastie dans le moindre de ses plis, au premier souffle d'une révolution qui ne se ferait pas attendre. Non, si Dieu, trop cruel pour Votre Majesté, la rappelait sur le trône brisé en février, vous ne tarderiez pas à voir tout un peuple soulevé entourer de barricades le Louvre effrayé. Irritées par les obstacles d'une royauté veillant à son salut, les passions grandiraient de toutes vos attaques et ensanglanteraient bientôt la France. Que ne puis-je persuader cette vérité à tous les hommes qui, indifférents au gouvernement, demandent à un roi la paix et la tranquillité. Pour ces esprits faibles et malades, la République, c'est l'émeute; un roi, c'est l'ordre, le repos, le bonheur. Non le prince n'est plus aujourd'hui un remède à tous les maux.

> Ce spécifique unique
> Qui cire les souliers et qui blanchit la peau.

Appeler aujourd'hui la monarchie, c'est appeler l'émeute. Ce pouvoir seul est fort qui impose le respect même aux mécontents. La royauté est-elle dans ce cas? Qui croit au droit divin? Qui vénère dans les rois les représentants de Dieu? La paix que vous demandez avec tant d'acharnement à un roi, c'est la république seule qui peut vous la donner. La paix ne peut exister que pour l'homme remplissant sa destinée. Créé pour agir, pour marcher en avant, l'homme ne peut donc trouver la paix que dans le mouvement, que dans le progrès, non dans l'inaction et l'immobilité de la mort. La paix, telle que l'entendent des gens effrayés, la paix de l'oisiveté endormie, elle existait la veille de la création; le monde l'a chassée en commençant le mouvement, et vous deviez prier Dieu qu'il vous laissât le chaos. Cette paix, elle n'existe que dans la prison ou dans la tombe. Essayez, si vous l'osez, d'ensevelir la vie et la liberté dans le linceul de la monarchie; nulle part vous ne trouverez pour sceller le sépulcre de la démocratie une pierre si dure que les peuples ne la brisent de leur tête. Heureux, si vous n'allumez pas leur colère, si vous leur laissez toujours le désir et la puissance de vous épargner.

Paris. — Imprimerie Lacour et Cie, rue Soufflot, 11,
et rue St-Hyacinthe-St-Michel, 33.

www.ingramcontent.com/pod-product-compliance
Lightning Source LLC
LaVergne TN
LVHW010018230826
846092LV00002B/888

* 9 7 8 2 0 1 9 6 4 9 2 5 8 *